Mauri Zucchi

Creare un sito adult di successo.

Introduzione.

Come iniziare un sito porno?

La nicchia del porno è enorme, e milioni di pagine vengono create ogni giorno dai webmaster. L'industria del porno è l'unico settore che sicuramente aumenterà in futuro, in particolare l'industria delle webcams e, quindi, si dovrà sicuramente prendere una grossa fetta di questo denaro. Inoltre, un mantra del successo è sempre stato il detto "ricco nelle nicchie" perciò, se stai iniziando un sito porno di nicchia, allora sei sulla strada giusta per il successo.

Se sei confuso su come avviare il tuo sito web per adulti, allora sei nel posto giusto. Ecco i passaggi che devi seguire:

1. Progetta il modo di fare soldi in questa enorme industria pornografica (primo passo).
2. Fai una ricerca.
3. Quindi selezionare una nicchia redditizia.
4. Crea il sito più sorprendente e migliore per quella nicchia.

Il primo passo quando stai pensando a come iniziare il porno è decidere in primo luogo che strada seguire:

- **Modelli di webcam** - Creazione di un sito Web di webcam come chaturbate e quindi guadagnare denaro da esso. Per questo il miglior sistema di lancio già pronto è Xcams .
- **Sito web per adulti tube**: Funzionano come Youtube.
- **Media per adulti che comprano e vendono prodotti affiliati** - Questo è un altro modo redditizio per guadagnare denaro online. Ma attenzione, questo richiederà investimenti e all'inizio, perderai del denaro per acquisire esperienza e conoscenza prima di vedere effettivamente dei buoni risultati
- **Diventa un modello di webcam** - Se sei femmina, diventare una camgirl può essere un modo fantastico per guadagnare migliaia di dollari al mese.
- **Diventa un affiliato di ragazze e ragazzi webcam**: guadagni commissioni su tutti i model di webcam che si iscrivono tramite il tuo link.
- **Produci video porno -** puoi creare una compagnia porno e poi iniziare a vendere clip porno per adulti online.
- **Avvia un blog per adulti -** Una volta diventato un'autorità, posso guadagnare con vari modi come:
1. Commissioni di affiliazione.
2. Consulenza.
3. Vendita di ebook ecc.
- **Vendi giocattoli per adulti** - Sì, questo è un altro ottimo modo per fare soldi nel porno. Avviare un sito porno non significa solo produrre video porno, ma anche avviare un'attività di e-commerce.
- **Avvia un sito Web di Escort**: puoi fare annunci o un elenco di escort. Fai un po di SEO e classifica il tuo sito web di escort e fai commissioni da ogni prenotazione.

Ora, dopo aver completato una lista, fai la ricerca. Vedi che potresti essere entusiasta e quindi avresti fretta di costruire il tuo sito porno il più velocemente possibile. Questo è il modo sbagliato per fare soldi. Anche Warren Buffet dedica più tempo alla ricerca di potenziali clienti prima di investire in qualsiasi azienda. Quindi, ecco i modi in cui puoi fare la tua ricerca:

Guadagnare denaro nel porno è facile, ma dovrebbe essere fatto con un buon giudizio e una ricerca approfondita. Quindi, ecco i modi in cui puoi fare la tua ricerca:

1. Leggi tutti i post sulla tua idea di destinazione.
2. Visita i forum, fai una domanda sui forum, segui le persone che stanno già facendo bene, inviale via email, twitta, invia messaggi, impara da loro
3. Unisciti ai gruppi di Facebook, leggi le risposte di quora e qualsiasi altro luogo in cui puoi scegliere come target le persone.
4. Visita i siti web di persone nella tua nicchia e poi commenta il loro post sul blog, costruisci una relazione con loro.

L'argomento su come creare un sito porno è semplice, ma la ricerca della nicchia è la parte difficile. Questo è ciò che richiede tempo ed energia.

Come fanno i siti porno a fare soldi?

Ora, prima di andare avanti su come iniziare, parliamo prima di come fare soldi nel porno. Esistono diversi modi. I siti fanno soldi e tutto ciò dipende dall'etica in cui stai andando. Ho elencato alcuni modi su come guadagnare soldi con siti porno.

1. **Pubblicità per adulti:** ci sono varie forme di pubblicità che possono essere mostrate su un sito porno. Visualizza annunci, Annunci popup, Link annunci, Reindirizzamenti mobili.

2. **Vendere un servizio al cliente:** se si dispone di un sito Web di modello di webcam come LiveJasmine, è possibile vendere spettacoli privati e interazione a pagamento con i modelli di webcam. Guadagnerai una commissione da ciò che fanno i modelli di webcam. La commissione potrebbe andare nel range del 10-50%.

3. **Vendere clip porno:** se decidi di creare clip porno da solo o con una pornostar, puoi vendere quei clip su piattaforme come clips4sale e manyvids . Queste piattaforme prenderanno una commissione nel range del 10-70% (varia da piattaforma a piattaforma)

4. **Affiliato per adulti** : se sei un webmaster ault e guadagni denaro tramite una affiliazione adult (ad esempio crakrevenue), la commissione dipenderà dal tipo di offerta che stai promuovendo. Per PPL la commissione può arrivare fino a $ 3 per lead, PPS può arrivare anche a $ 150 per iscrizione. C'è

anche un'opzione di compartecipazione alle entrate dove puoi guadagnare una commissione del 30% per tutta la vita.

5. **Come fanno i modelli di webcam a fare soldi:** se sei una camgirl, allora stai già facendo soldi. Se crei anche un sito web, puoi vendere skype shows, vendere clip porno dal tuo sito web, richiedere clip personalizzate ecc.

6. **Vendita di giocattoli per adulti:** se hai un'attività di e-commerce, puoi facilmente utilizzare Dropshipping e creare un business per adulti. Il potenziale di guadagno varia ma puoi facilmente guadagnare $ 1,000 - $ 2,000 / mese con questo metodo.

Spero di aver risposto alla tua domanda su come guadagnare soldi dal porno. Guadagnare da siti porno non è difficile ma richiede tempo, pazienza e un duro lavoro regolare. Se sei una modella o un aspirante pornostar o modella di webcam, potresti avere la domanda su come fare soldi facendo porno.

Quanti soldi guadagno attraverso il porno e i miei metodi di creazione di denaro per l'adult?

Proprio come te, anche io all'inizio ero affascinato da come guadagnare da siti porno.

Quasi tutto funziona con il pilota automatico. Ecco mediamente com'è strutturato un'attività professionale sul web nel campo del porno:

1. Il 30% proviene da siti web di tube per adulti
2. Il 30-40% proviene dal marketing di affiliazione per adulti.
3. Il 20-40% proviene da attività legate alla webcam - siti web di webcam, reclutamento di models, ecc.
4. Il 10% proviene da altri metodi, corsi, consulenze, ecc.

Questa informazione su come guadagnare soldi con il porno non è completa, ci sono molti altri modi per fare soldi. Ma non voglio che tu vada in centinaia di direzioni piuttosto che sceglierne una e lavorare duro per ricavarne dei soldi. Guadagnare denaro con il porno ha dimostrato ancora una volta che questa enorme industria dà miliardi di dollari e dà fiorenti imprese.

Come iniziare un sito porno e fare soldi?

Parliamo ora della parte apparentemente complicata e tecnica su come creare un sito porno.

Se si pensa a un decennio fa, la creazione di un sito Web era estremamente difficile a causa degli aspetti tecnici coinvolti. Oggi è diventato così facile e conveniente iniziare un sito porno che chiunque può creare il proprio sito web per adulti o blog.

Andrò passo dopo passo e cercherò di spiegare tutto in modo semplice e facile.

Cose di cui hai bisogno:

1. Hosting per adulti: raccomando Hostgator perché è economico e supporta l'hosting pornografico. Ma fate una ricerca su Google per scegliere (vedremo dopo perchè).
2. Nome di dominio con supporto Whois - Viene fornito gratuitamente con l'hosting.
3. Installazione di WordPress (non obbligatoria) - gratuita.
4. Il tema per il tuo sito web. Questo dipende dal tipo di sito Web che stai creando.

Scegliere un nome di dominio per adulti per il tuo sito web.

Il dominio non è importante, deve essere un nome che rispecchi i tuoi contenuti, anche se oggi non è più importante come una volta. Scegli un nome facile da ricordare, e non troppo lungo.

Come iniziare una società porno?

Ora la parte importante è fatta. Ma ancora molto deve essere fatto. Se ti stai chiedendo come iniziare un'attività pornografica, leggi attentamente. Iniziare una compagnia porno richiede molte informazioni all'inizio.

1. Se nel tuo paese è consentita l'apertura di una società di pornografia, verifica le norme e i regolamenti legali del tuo paese. Se il tuo paese è abbastanza restio, consigliamo di usare una lingua inglese del sito, oppure server ospitati all'estero.
2. Hai abbastanza conoscenze e competenze per avviare la tua attività o azienda porno. Senza le possibilità che tu fallisca sono alte. Quindi ti dirò, impara i trucchi del mestiere prima di iniziare la tua compagnia porno.
3. Se stai pensando di avviare una società di produzione pornografica, allora devi fare più ricerche
   o Come troverai ragazze disposte a fare porno.
   o Norme e regolamenti legali relativi al porno nel tuo paese.
   o Marketing e promozione dei video porno che crei.
   o Video porno di nicchia o video porno generici.

o Chi è il tuo cliente target e dove lo troverai. Soprattutto, come li venderai e perché dovrebbero comprare da te.
o Come gestirai la competizione.
o Qual è il tuo punto vendita esclusivo.

Non ti sto demotivando, semplicemente non voglio che nessuno perda soldi. La gente esce e poi perde denaro. Assicurati di avere abbastanza dati di ricerca, esperienza, guida, intelligenza prima di iniziare la tua compagnia porno.

Come fare soldi da un sito web di tube porno.

Se hai sempre desiderato creare e trarre profitto da un sito web di tube per adulti come Pornhub, la guida completa sarà una scelta perfetta.

Entro poche ore puoi iniziare a possedere la replica di Pornhub.

Come indirizzare il traffico verso il tuo sito porno?

Il traffico è il re per qualsiasi sito web porno. Più importante del traffico è la conversione del traffico per il tuo sito web.

Guidare il traffico è una delle maggiori sfide per ogni webmaster adult.

Ricorda di concentrarti maggiormente sul traffico mirato rispetto al traffico generale. Alla fine, l'obiettivo del sito web è quello di fare soldi e questo avverrà solo se le persone che cercano ciò che vendi stanno arrivando sul tuo sito web. L'unica metrica su cui dovresti concentrarti dovrebbe essere la conversione. Se 100 clienti mirati hanno visitato il tuo sito porno, quanti ne sono andati fino all'ultimo stadio di ciò che stai vendendo e quanti di questi effettivamente acquistano ciò che stai vendendo.

Ci sono molti strumenti che ti aiuteranno a scoprire una grande quantità di tali informazioni.

1. **Similarweb.com:** ti dirà la percentuale approssimativa della fonte di traffico che ogni sito web sta ottenendo. Inoltre, dà un'idea abbastanza precisa di quanto traffico sta generando un sito web. ad esempio, se stai tentando di creare un sito web di un modello di webcam, puoi controllare le statistiche sul traffico di qualsiasi concorrente come chaturbate.

Se l'ottimizzazione dei motori di ricerca o SEO per adulti è il tuo obiettivo allora puoi utilizzare strumenti incredibili come SEMRush e Ahrefs per trovare tutti i dati sui tuoi concorrenti. Questi strumenti ti forniranno preziose informazioni su vari argomenti:

1. Quali parole chiave stanno guidando la maggior parte del traffico ai concorrenti del tuo sito porno.
2. Quali post stanno dando collegamenti di qualità elevata al sito web del concorrente.
3. Quali articoli stanno generando traffico massimo sul sito web della concorrenza.

Domande frequenti su Come avviare un sito porno.

È legale iniziare un sito porno?

Non ovunque. Prima di iniziare il tuo sito web porno controlla le regole e i regolamenti del tuo paese. Assicurati che sia legale nel tuo paese.

Il mio hosting supporta il sito porno?

Non tutti gli hosting consentono contenuti pornografici e quindi vietano il tuo sito web senza il rimborso.

Meglio un sito porno di nicchia?

Ho sempre supportato e sosterrò sempre siti porno di nicchia rispetto ai siti web porno di tutte le categorie.

Quali sono i migliori siti per le offerte di affiliazione per adulti?

Crakrevenue, Juicyads, Exoclick, Hubtraffic, sono i maggiori. Verificate su Google.

Viene posta questa domanda molto: il **sito pornografico è legale?** . Onestamente questa domanda è molto importante da considerare. Se stai facendo affari con gli adult, dovresti considerarlo seriamente per il tuo bene.

Avviare un sito Web porno è facile, ma devi conoscere
l'ambiente legale del tuo paese e del Paese in cui è ospitato il
tuo server.

Non sono un avvocato, ma posso solo dirti quello che so a
riguardo.

Ecco una mappa dei paesi con leggi sul porno (fonte: Wikipedia)

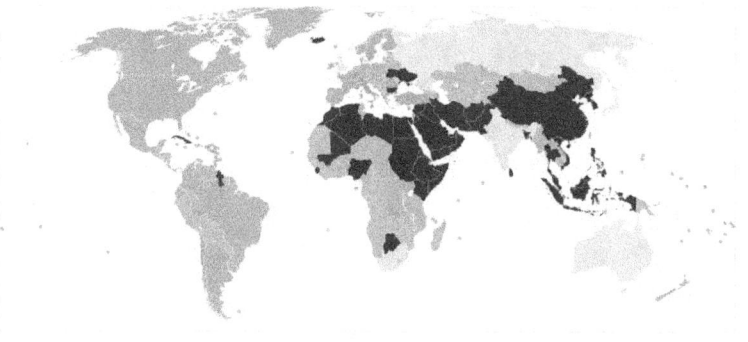

erde	egale
;iallo	egale (ma con alcune condizioni)

Rosso	Rigorosamente illegale
Grigio	Sconosciuto

Ogni paese ha una propria legge e queste sono solo una visione d'insieme, è necessario andare nel dettaglio per capire veramente cosa sta succedendo.

Violazione del copyright:

La cosa più fondamentale e importante che devi sapere. Ogni contenuto che produci è di tua proprietà e tu detieni il copyright di quel contenuto.

Se qualcun altro usa i tuoi contenuti senza la tua autorizzazione, allora sta violando il tuo copyright e hai il diritto di portarlo in tribunale e citarlo. Ecco come funziona. È proprio come i brevetti, se lo possiedi, è tutto tuo.

Se stai creando un sito web di tube per fare soldi e incorporare o caricare i video di altri produttori di contenuti senza la loro autorizzazione, stai violando il loro copyright. È possibile acquistare questi diritti o chiedere il permesso di utilizzare il loro contenuto, ma l'utilizzo senza autorizzazione è illegale.

Pornografia illegale minorenne:

Una delle maggiori preoccupazioni è l'età nei video. Le persone minorenni non dovrebbero essere autorizzate a guardare o esibirsi nell'industria degli adulti. Ogni contenuto che hai non deve avere alcuna persona minorenne, altrimenti può farti finire in prigione.

Deve esserci sulle pagine del tuo sito web:

- Policy
- Termini di servizio
- Politica sulla riservatezza
- 2257 dichiarazione maggiore età (legge USA)
- Informazioni DMCA

Dovresti assumere un avvocato per redigere queste pagine in quanto queste sono l'unica protezione che hai. L'argomento di questo articolo è delicato e molto discutibile. Voglio solo che nessuno si metta nei guai a causa di qualcosa.

Come guadagnare $ 3500 al mese dai siti web di tube per adulti.

Alcune persone diranno che iniziare un sito di video per adulti è una perdita di tempo o questo metodo è morto, beh, ho solo una risposta, e questo è incluso nel titolo del corso. Se sei uno di quelli che pensano che "comprerò solo un copione per adulti che metterà tutto sull'automazione e senza fare nulla potrò guadagnare un sacco di soldi", allora posso assicurarti che sei il più grande idiota. Ho provato e testato anche questo metodo, ma il mio amico Google non è un idiota che può essere ingannato. A volte il lavoro manuale e controllato è il migliore.

Questo metodo richiederà una piccola quantità di investimento. L'investimento non sarà molto, ma ti assicuro che, se seguirai esattamente quello che sto per dirti, **il ritorno sull'investimento (ROI) sarà molto più del 3000%.**

Quindi non aver paura, fai il primo passo, e posso garantire dopo pochi mesi che mi manderai email di ringraziamento. Buona fortuna per il tuo viaggio nel fare soldi.

Quindi iniziamo. Cose che ti servono prima di iniziare:

1) Web Hosting che supporta contenuti per adulti.

Permettetemi di dirvi in anticipo che questa parte è molto importante e cruciale.

Durante il mio viaggio ho incontrato numerosi problemi e speso dollari preziosi su diversi provider di hosting.

Alcuni chiudono i siti web a causa di contenuti per adulti, alcuni sono troppo lenti per gestire il traffico, altri chiudono i siti web a causa di reclami DMCA.

2) Nome dominio

Dopo aver acquistato un piano di hosting, ora sei pronto per passare al prossimo passo importante: acquistare un nome di dominio per il tuo sito web per adulti. Le qualità principali di un nome di dominio è che dovrebbe essere breve e facile da ricordare, e contenere la **parola chiave per adulti.**

Suggerimento per moltiplicare i tuoi guadagni : Sebbene tu possa iniziare con un solo sito web, lavorare su più siti web aiuta a diversificare i rischi e ti aiuta a guadagnare più denaro e a risparmiare tempo facendo lo stesso lavoro in meno tempo .

Come rendere multipli i siti web per adulti.

Inizialmente, si può iniziare con un solo sito web.

Le ore medie che stavo spendendo a settimana erano vicine a ~ 10 ore. Ecco una rottura del mio tempo trascorso su quel sito:

● Due ore a settimana per aggiungere post. Ho usato per aggiungere post in un solo giorno programmando il post nel corso della settimana.

● Un'ora ogni giorno per caricare i video utilizzando il submitter video per adulti.

● Mezz'ora tutti i giorni per la SEO per adulti.

Ecco alcuni passaggi da seguire per guadagnare di più e velocemente.

- Creare altri siti web per adulti.
- Creare SEO ADULT spendendo anche dei soldi.
- Aggiornare la velocità di connessione a Internet a velocità ultraelevata, in modo da poter caricare più video per tutti i siti web in quella durata di un'ora.

In questo modo le ore di lavoro sono aumentate solo di poche ore, ma i guadagni si sono moltiplicati.

Come scegliere un nome di dominio per il tuo sito web

Il nome di dominio è parte integrante del tuo sito web. Ecco i fattori chiave da tenere presenti prima di scegliere il nome di dominio:

- Non dovrebbe essere troppo lungo
- Semplice e facile da ricordare
- Dovrebbe essere molto rilevante per la nicchia del tuo sito web.

- Deve contenere la parola chiave principale per il targeting per le classifiche di Google.

Hai già un foglio Excel di parole chiave correlate alla tua nicchia. Ora in questo foglio Excel devi scegliere la parola chiave che ottiene le ricerche massime su Google. Soprattutto dal momento che stiamo prendendo di mira il traffico degli adulti, il posizionamento su Google sarebbe relativamente più facile, ma comunque se si sceglie una nicchia molto universale come "pompino", la classifica della parola chiave principale contenente pompino sarebbe estremamente difficile.

Come selezionare la nicchia giusta per il mio sito web per adulti tube.

Questa è una delle parti più importanti nel tuo modo di fare soldi usando i siti web per adulti. Una nicchia sbagliata potrebbe rovinare tutti i tuoi sforzi e il duro lavoro. Ti chiederò di spendere una discreta quantità di tempo prima di finalizzare con una nicchia.

Fattori da considerare prima di selezionare una nicchia per il sito web per adulti?

- Stai lontano da nicchie molto popolari come pompini, tette grosse ecc.

- Non entrare nella pornografia infantile, nell'incesto ecc.

Perché sono illegali e immorali.

Dove posso trovare idee di nicchia?

Non agitarti creando la tua nicchia nella tua mente e poi facendo ricerche sullo stesso. C'è un modo molto semplice per trovare un'idea di nicchia. Piuttosto ti darò una lista di centinaia di idee di nicchia con un riferimento alla loro popolarità per rendere le cose più facili per te.

Xvideos.com ha questa grande sezione conosciuta come TAGS.

Ecco uno screenshot dello stesso.

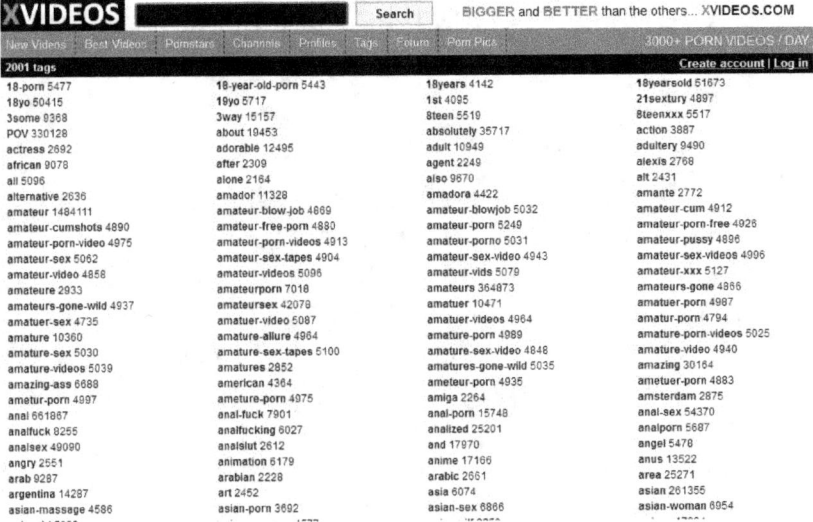

Ora puoi vedere che ci sono centinaia di nicchie elencate qui con il numero di video caricati sul sito web nel corso degli anni. Ora voglio che tu trovi una nicchia che non ha un numero enorme di video ma ha solo poche centinaia di video.

Per confermare o verificare se la nicchia è troppo generica o molto concentrata, ho bisogno che tu controlli la popolarità della tua nicchia sui popolari siti web (come redtube, xvideos, xhamster ecc.). Per fare questo tutto quello che devi fare è andare su ognuno di questi popolari siti web e cercare la parola chiave primaria della tua nicchia e guardare i risultati della ricerca.

Di solito non mi preoccupo della concorrenza SEO perché il ranking nel dominio degli adulti è relativamente più facile. ma devi ancora cercare in anticipo la tua parola chiave su Google e vedere se ci sono siti web focalizzati sulla tua nicchia.

Ora che hai selezionato la nicchia del tuo sito web per adulti, è tempo di acquistare un servizio di hosting per ospitare il tuo sito web. Avere il "Focus Keyword" (la parola chiave che si sta mirando a ottenere nel primo punto di Google) nel nome del dominio era un must. Google dà alta preferenza ai siti web che hanno le parole chiave nel loro nome di dominio. Trovare il nome di dominio per la tua parola chiave sarebbe estremamente difficile in quanto non saranno disponibili. Quindi dovrai giocare molto con il tuo nome di dominio per trovare quel nome di dominio perfetto per il tuo sito web di tube per adulti.

Ad esempio: se la mia nicchia è "ragazze fetish", ecco alcune iterazioni cercherò di trovare il miglior nome di dominio:

- ragfetish . com
- ragazzefetishtube . com
- rfetishvideos . com

Dove acquistare il nome di dominio?

Se è il primo sito che acquisti, in genere vendono dominio+hosting. E' più pratico. Altrimenti se sei pratico coi dns, puoi scegliere un hosting in un luogo in cui il porno è legale, e il dominio in un altro (assicurati di oscurare i dati del registrante dominio. Sono pochi euro ma ne vale la pena).

3) Tema blog.

Utilizza un blog che sia facile da usare, poco pesante, e con una grafica adatta (quasi tutti i siti porno sono di colore rosa, nero, rosso oppure bianco). Puoi usare wordpress, che è gratis.

Plugin WordPress che massimizzano guadagni e SEO.

Se non hai mai lavorato con un sito web wordpress, potresti non avere un'idea dell'importanza dei plugin giusti nel tuo sito web. Oggi condividerò i **plugin WordPress che massimizzano i guadagni e il SEO.**

Questo elenco conterrà tutti i plugin che si sono rivelati veramente utili.

Tutti questi plugin che consiglierò sono gratuiti.

● **Akismet** : per moderare i commenti del blog e lo spam trackback.

- **Yoast WordPress SEO** : questo plugin è tutto ciò che serve per coprire tutte le esigenze SEO del tuo post
- **Backup: backup** semplice e facile (sia su Hostgator Hosting che sull'opzione per Google Drive).
- **Better WordPress Google XML Sitemaps** : miglior plugin per generare la sitemap del tuo sito web.
- **Login Lockdown** : per proteggere il tuo sito web.
- **No Self Pings** : mantiene WordPress dall'invio di ping al tuo sito.
- **WordPress Editorial Calendar** : per aggiungere il tuo post settimanale tutto in una volta mentre pianifichi alcuni di essi in modo che il tuo sito web venga aggiornato regolarmente e mantenga Google felice.
- **WP Smush** : riduce le dimensioni di anteprima di tutte le immagini, migliorando la velocità del sito e migliorando le prestazioni del sito.

Questo elenco comprende tutti i plugin essenziali che è necessario installare. *Tieni presente che non devi mai installare plug-in irrilevanti in quanto aumenterà il tempo di caricamento del sito web, influenzando in tal modo le classifiche di Google.*

Accelerare il sito Web.

Passare dal tempo di caricamento di una pagina da **10 secondi** a **2 secondi** è possibile solo pochi passaggi.

● Se un utente è soddisfatto delle prestazioni del sito Web, della navigazione, e del tempo di caricamento veloce, è più probabile che rimanga sul sito Web, la durata media delle visite è più lunga e anche le visite.

● Miglioramento delle classifiche di Google: Google ama i siti web veloci e non è un segreto che un sito web veloce avrà la precedenza su un sito lento. La velocità di caricamento della pagina alta è parte integrante di ADULT SEO.

Lascia che ti dica un segreto: l'esperienza utente sul tuo sito web è direttamente proporzionale ai tuoi guadagni ed ecco perché:

Prima di seguire i passaggi ti chiedo di visitare due diversi siti web:

1. Google Page Insights : controlla il punteggio del tuo sito web assegnato da Google.
2. GT Metrix : controlla il punteggio del tuo sito web e annota anche il tempo di caricamento della pagina.

Ecco quindi i passaggi migliori per accelerare il tuo sito web, migliorare il tempo di caricamento della pagina, aumentare notevolmente la velocità di caricamento della pagina. Questi passaggi daranno una spinta alla velocità di caricamento del tuo sito web:

- **Riduci le dimensioni di anteprima dei tuoi video** : utilizza uno strumento di compressione delle immagini per ridurre senza perdita le dimensioni di tutte le immagini che carichi.
- **Installa WP Optimize** : la pulizia periodica del database è un passaggio importante per aumentare la velocità di caricamento della pagina.
- **W3 Total Cache** : questo plugin gratuito offre superpoteri al tuo sito web. Un must per ogni proprietario del sito web WordPress.
- **Wp Smush** : questo plugin comprime le immagini che carichi sul tuo sito web. Questo plugin è come un'estensione del Primo punto che ho menzionato e ti aiuterà a ridurre ulteriormente le dimensioni della tua miniatura.

Ok, ora il tuo sito web è velocissimo (considerando che hai seguito correttamente tutti i passaggi). Ora torna di nuovo sui due siti web che ho menzionato in precedenza, intuizione della pagina di Google e GTMetrix e controlla di nuovo i tuoi punteggi.

Sarai sorpreso dal sorprendente miglioramento delle prestazioni dei tuoi siti web.

Blocca utenti Adblock.

Adblock è una benedizione se sei un utente e la più grande maledizione se possiedi un sito web in cui il reddito è direttamente proporzionale alla visualizzazione di annunci pubblicitari.

Secondo un recente sondaggio, quasi il 20% degli utenti di Internet ha fatto uso di Adblock sui propri dispositivi. Quindi, se i guadagni complessivi del tuo sito web sono di $ 1000 al mese, hai perso quasi $ 200 solo perché il visitatore aveva installato Adblock sul proprio dispositivo.

Quindi tutto lo sforzo e il tempo dedicato alla scrittura di quell'incredibile articolo è andato a vuoto perché il visitatore ha ottenuto ciò che voleva, ma in cambio non hai ottenuto alcun beneficio economico.

Cercavo disperatamente una soluzione WordPress per bloccare gli utenti di Adblock sul mio sito web.

Quindi, come gestire i visitatori di adblock sul tuo sito Web WordPress? Ci sono due modi:

- Mostra loro un messaggio per disabilitare il blocco degli annunci per il tuo sito web
- Blocca completamente il visitatore a meno che non disattivi l'Adblock

Perché le persone installano Adblock?

Capire questa domanda è molto importante. Prendiamo il tuo caso, visiteresti un sito web che ti bombarda di pubblicità e popup, ti piace questo sito?

La risposta è NO, perché nessuno vuole annunci pubblicitari così irritanti spinti in gola. Sai che utilizzando il blocco degli annunci puoi addirittura sbarazzarti degli annunci video di YouTube, che non apprezzerebbero questo diritto.

Ora discutiamo ogni opzione sopra indicata

Opzione 1: mostra loro un messaggio per disabilitare Adblock per il tuo sito web

Questa opzione è la migliore quando si dispone di un sito Web che offre molto valore a una persona e crea una connessione con il pubblico. Il motivo è che tali siti web si concentrano maggiormente sul raggiungimento dell'ID di posta elettronica dei visitatori (generazione di contatti) e quindi sull'utilizzo di tale ID di posta elettronica per venderli (marketing di affiliazione).

Pertanto, a tali siti Web non interessa molto la pubblicità display sul loro sito Web, e poiché Adblock blocca solo gli annunci display, quindi a tali siti Web non interessa molto che tali visitatori disabilitino il loro blocco pubblicitario.

Fanno un messaggio di richiesta chiedendo loro di disabilitare Adblock e se una persona trova il contenuto davvero sorprendente o la pubblicità non invadente, a volte disabilita il suo Adblock per amore o buona volontà o forse anche rispetto emotivo o connessione.

Opzione 2- Blocca completamente il visitatore a meno che non disattivi l'Adblock

Questo è per le persone come noi, le persone che si occupano di siti web per adulti. Non forniamo alcun valore o facciamo una connessione emotiva. Stiamo offrendo loro un posto per soddisfare le loro fantasie.

Se non lo farai, qualcun altro lo farà, conservare un visitatore è difficile. Ma se hai abbastanza autorità nella tua nicchia, la gente tornerà.

Come sai, la maggior parte dei guadagni passa attraverso i banners . E proprio come te, anche i tuoi visitatori odiano i popup. Nessuno ama i popup. Poiché non vi è alcuna fonte di reddito di affiliazione in un sito web, ti baserai esclusivamente sugli annunci display per il tuo reddito giornaliero.

Quindi, se vuoi massimizzare i tuoi guadagni, devi convincere le persone che usano gli adblock ad autorizzare il tuo sito web o semplicemente a non visitare il tuo sito web.

C'è un sito web molto efficiente conosciuto come BlockAdblock.

Il processo per ottenere il tuo codice è molto semplice, ecco i passaggi:

- Visita http://blockadblock.com
- Clicca su "Configura ora gratuitamente"
- Compila i dettagli richiesti
- Nelle impostazioni della schermata di blocco, scegli la modalità blocco e non la modalità nag
- Nel ritardo della schermata di blocco, far scorrere il cursore fino a un massimo di 30 secondi.
- Mantieni il resto delle opzioni così come è
- Rimuovi l'opzione di testo legale
- Non fare nulla con l'integrazione di Analytics
- Clicca su Genera codice
- Congratulazioni, sei pronto per aggiungere il codice sul tuo sito web

Come e dove inserire quel codice sul tuo sito web?

Incollare il codice è molto semplice. Vai a Aspetto >> Widget >> (crea un nuovo widget di testo).

Incolla il codice in questo widget di testo e fai clic su Salva. Assicurati di creare il widget di testo in quell'area accessibile in ogni pagina del sito web.

Nota: . (Si prega di fare attenzione che se si salta qualche passaggio, è molto probabile che non si possano vedere i risultati che si aspettano, quindi prendi molto sul serio ogni passaggio).

Ora come hai impostato il sito web, installato tutti i plugin consigliati e anche fatto le impostazioni necessarie, è tempo di fare un lavoro extra

Il passaggio successivo consiste nel creare un account Google Analytics e Google Webmaster . Dato che stai leggendo questo articolo, mi aspetto che tu sappia cosa sono entrambi questi strumenti gratuiti, ma se non sei ancora a conoscenza, ti preghiamo di cercarli entrambi e di creare un account in entrambi.

Per darti un background Google Analytics è uno strumento online gratuito di Google che tiene traccia di tutti gli eventi relativi ai visitatori sul tuo sito web. Per es. Distribuzione demografica, pagina visitata, ora sul sito Web ecc. Google webmaster è un altro strumento gratuito di Google che ti aiuterà a comprendere l'aspetto del tuo sito web agli occhi di Google. Per esempio. Il tuo ranking su parole chiave diverse, backlink al tuo sito web, ecc.

Ora è il momento di fare ricerca di parole chiave per la tua nicchia. L'idea è quella di trovare tutte le parole chiave relative alla tua nicchia e raccoglierle in un foglio excel.

Guidare gratuitamente il traffico organico verso i siti porno per adulti.

Se non passi del tempo su Adult SEO e costruisci backlink per adult di alta qualità per il tuo sito web, allora le probabilità che il tuo sito porno abbia poche visite salgono.

Anche se trovi una nicchia molto bassa e competitiva, anche allora hai bisogno dell'ottimizzazione dei motori di ricerca e dei backlink per adult di qualità per indirizzare il tuo traffico verso il tuo sito web.

Come rendere trafficato il sito porno.

Ogni sito web è alla ricerca di traffico focalizzato su nicchie gratuite. Questo è il motivo per cui ci dedichiamo alla SEO (ottimizzazione dei motori di ricerca) in modo da poter ottenere visitatori gratuiti che cercano le informazioni fornite dal nostro sito web.

Ma la SEO è un processo molto complicato. La parte migliore di un sito web per adulti è che il sito SEO per adulti è relativamente più facile rispetto al SEO tradizionale.

Lascia che ti spieghi come funziona. Abbiamo già analizzato come fare ricerca per parole chiave e creare un foglio di Excel pieno di parole chiave correlate alla tua nicchia.

Ora quello che faremo, in ogni post che creeremo nel sito web, aggiungere alcune parole chiave correlate al post e altre ancora che non sono correlate. In questo modo, ogni volta che i nostri post vengono indicizzati su google, inizieremo la classifica su alcune delle parole chiave poiché c'è una scarsa concorrenza SEO nella nicchia degli adulti.

Ti consiglio di iniziare pubblicando cinque post al giorno (incorporando lo stesso video Xvideos che hai caricato) e lo fai per una settimana, ovvero dopo sette giorni devi avere 35 post sul tuo sito web. *Suggerimento: durante la prima settimana non inserire alcuna parola chiave nell'area del contenuto tranne il titolo del post.*

Durante la seconda e la terza settimana continua lo stesso processo cioè cinque messaggi al giorno, ma questa volta inizia a riempire le parole chiave nel post

A partire dalla terza settimana inizia a creare anche alcuni backlink per il tuo sito web. *Suggerimento: non provare a creare tutti i backlink in un giorno, prova a fare pause di 2-3 giorni durante la creazione di link a ritroso in modo che sembrino naturali agli occhi di google*

Continua questo processo per almeno 2 mesi. (Non ti preoccupare e inizia a cribbing che due mesi sono così lunghi, inizierai a guadagnare soldi decenti molto presto). Perché dico due mesi è che per prima cosa dovrai creare un'autorità agli occhi di Google e dei tuoi visitatori che il tuo sito web offra contenuti di qualità e che possano fidarsi del tuo sito web.

Inoltre, dal momento che non pubblichi alcun annuncio sui siti web nei primi mesi ti aiuterà a evitare le sanzioni di Google e ad acquisire visitatori fidati mentre crei un marchio nella tua nicchia e otterrai un buon posizionamento su Google.

Nel terzo mese voglio che inizi a includere le parole chiave che iniziano a comparire nel webmaster tools di Google.

Usare Google Webmaster per indirizzare il traffico verso il tuo sito web.

Ora che sai che stiamo ingannando Google per aiutarci a classificare parole chiave diverse, tutto ciò di cui abbiamo bisogno è un elenco di parole chiave che funzioni per il nostro sito web.

Devi aver già svolto la procedura di ricerca delle parole chiave per SEO per adulti. Con l'aiuto di webmaster tools di Google e dopo 2-3 mesi di sito web, vedrai un elenco di parole chiave nel "traffico di ricerca" del pannello. Ora devi scaricare il foglio excel di tutte le parole chiave per le quali ti stai posizionando in Google. Con questo nuovo elenco di parole chiave, tutto ciò che devi fare è aggiungere alcune di queste in ogni post, proprio come ti ho detto.

Con un elevato tempo sul sito e un aumento delle visualizzazioni di pagina, l'algoritmo di Google è indotto a credere che il sito web offra qualcosa di molto interessante (che in un certo senso siamo poiché siamo un sito di nicchia).

Nel quarto mese devi essere testimone di una discreta quantità di traffico che può essere facilmente utilizzata per le affiliazioni e iniziare a guadagnare qualcosa.

Oltre a incrementare le vendite pubblicitarie, **scegliere la pubblicità giusta** e i **posizionamenti degli annunci** sono anche molto cruciali e possono avere un enorme impatto sui tuoi guadagni.

Nel corso degli anni ho trovato pochi annunci pubblicitari che danno i guadagni più alti e i posizionamenti di annunci perfetti, che dovrebbero essere sicuramente applicati anche ai tuoi siti web.

Come trovare inserzionisti adult per vendere spot pubblicitari sul tuo sito web.

Indipendentemente dal fatto che possediate un sito web o un blog per adulti, la principale fonte di reddito proviene dalla pubblicità. Ma se stai usando agenzie pubblicitarie native come Juicyads (anche se sono le migliori), potresti non guadagnare tanto quanto ti aspettavi. Un modo per guadagnare di più è vendere spot pubblicitari, ma trovare inserzionisti disponibili è una delle maggiori sfide che dovrai affrontare.

Come trovare inserzionisti per vendere spot pubblicitari?

Non è così difficile come sembra. Innanzitutto hai bisogno di un account Juicyads . Dopo aver effettuato l'accesso, fai clic sulla scheda "acquista annunci".

Questo ti porterà al marketplace AD dove tutti gli inserzionisti cercano siti web adatti a pubblicare i loro annunci. Nella sezione a sinistra, cerca la tua parola chiave o la tua nicchia per trovare inserzionisti più pertinenti. Ad esempio: Feticismo del piede, in modo tale che tutti i siti web che si occupano del feticismo del piede saranno mostrati sul lato destro. Continua le ricerche e vedi se trovi qualcosa di interessante.

Ora tutto ciò che devi fare è continuare ad aggiornare il sito web con post regolari. E presto sarai sulla buona strada per guadagnare.

Punta d'oro per guadagnare in soli 3 mesi: ora il trucco è diversificare il tuo portafoglio di siti web. Crea cinque diversi siti Web su cinque nicchie diverse e fai lo stesso lavoro su tutti i siti web.

Dato che hai a che fare con poche ore alla settimana di lavoro per un sito web, la gestione di più siti Web non dovrebbe essere problematica per te se sei seriamente intenzionato a fare soldi veri online.

Le migliori pubblicità per il mio sito porno?

Vedrai che la maggior parte delle entrate proviene da pubblicità pop-up per adulti, specialmente (popad).

Gli annunci display sono altamente deludenti nell'industria per adult e non sarai in grado di guadagnare molti soldi dato che l'eCPM è estremamente basso in quanto il traffico degli adult è molto economico. Un'altra straordinaria rete a cui devi iscriverti è Crakrevenue.

Devi leggere articoli prima di andare avanti con il tuo primo sito?

Se hai implementato il metodo passo per passo per iniziare da solo, allora potresti trovarti di fronte a un grosso problema: i **video eliminati.** Ti ho sempre detto di non ospitare i video sui tuoi server ma piuttosto di incorporare i video di altri popolari siti porno per adulti come xvideos, pornhub, ecc.

Il problema o l'unico inconveniente con l'incorporamento di video sul tuo sito web è che i video sul server di hosting vengono eliminati quasi tutte le volte.

Poiché questi siti Web non possiedono i diritti d'autore su quasi tutti i video (i video vengono caricati dagli utenti), il proprietario del copyright invia una richiesta DMCA al sito Web di hosting e il sito Web di hosting è obbligato a rimuovere il contenuto dai propri server.

Dato che stavi incorporando gli stessi video sul tuo sito web per adulti, il video non verrà mostrato sul tuo sito web. Ciò influirà direttamente sull'esperienza utente:

• Il visitatore che potrebbe cercare un determinato video finisce sul tuo sito web solo per trovare il video eliminato e quindi potrebbe lasciare immediatamente il sito web. Hai perso quel prezioso visitatore e anche la frequenza di rimbalzo aumenta

• Se i visitatori regolari dei tuoi siti web trovano regolarmente video cancellati, potrebbero semplicemente abbandonare il tuo sito Web e trovare i loro contenuti preferiti su un altro sito web.

• Il tempo di pagina e le visualizzazioni di pagina hanno un impatto significativo perché i video sono stati eliminati.

Come gestire le notifiche DMK Takedown e Copyright Infringement.

Cos'è l'avviso DMCA?

Si tratta di una notifica inviata dal proprietario del copyright che detiene il materiale illecito e che non desidera seguire la via legale. Il proprietario del copyright informa l'ISP (provider di servizi Internet) del sito Web che ospita il contenuto illecito.

L'ISP notifica quindi al proprietario del sito web il reclamo e sospenderà l'account in quanto il contenuto non viene rimosso entro un determinato periodo di tempo.

Il proprietario del sito Web può anche creare una pagina di richiesta di rimozione dei contenuti o DMCA per ricevere direttamente le notifiche in quanto tali.

Come gestire le notifiche DMK Takedown e violazione del copyright?

È molto semplice, rimuovere il contenuto il più presto possibile. Che si tratti di un'immagine, di un video o di qualsiasi file, rimuovi il contenuto il più velocemente possibile. Questi avvisi sul copyright sono controllati periodicamente per vedere se il contenuto è stato rimosso o meno.

Se non rimuovi il contenuto, il proprietario del copyright ha il potere legale, che può portare a perdita di tempo, denaro ed energia. Potresti anche finire in prigione o pagare una multa salata, quindi sii sicuro e rimuovi il contenuto il prima possibile.

Per impedire che questa notifica influenzi il tuo sito web, assicurati di **reindirizzare** l'URL di quel contenuto illecito alla tua home page, in questo modo otterrai comunque il succo SEO di quel collegamento rimuovendo il contenuto e salvando il tuo culo.

È inoltre possibile presentare una contronotifica se si ritiene che il proprietario del copyright sia stato fuorviato o abbia commesso un errore. Se possiedi il contenuto, non devi temere nulla ed essere trasparente.

Errori da non fare.

Credo nel fatto che imparare dagli errori degli altri sia la migliore forma di apprendimento. Quindi ecco una lista di tutti gli errori da non fare.

Creare un sito web generale invece di un sito web di nicchia.

Come probabilmente saprete già, non mettete le mani su un sito web generalista di nicchia come Redtube, Xvideos, ecc: alla fine si perde un sacco di tempo e fatica, con quasi zero successi.

Non sto dicendo che non puoi guadagnare soldi in un sito web generalizzato per adulti, è solo che i siti di nicchia sono migliori.

Un sito web generalizzato per adulti richiede molto più impegno per la creazione ed è molto lento nell'ottenere le classifiche in Google.

Troppa attenzione al denaro.

Sì, la ragione principale per cui si crea un sito web per adulti di nicchia, è fare soldi.

Dopo tutto il tuo duro lavoro, il tempo necessario per creare il sito web, aggiungere video, fare adult seo, e creare video da caricare su vari siti web per aumentare il traffico diretto, l'unica cosa che ti darà felicità sono i $$$ nel tuo conto.

Ma una cosa che ho imparato è che alla fine si aggiunge valore alla vita di qualcuno, creando un sito Web di nicchia si sta dando una soluzione per tutte le persone che sono interessate alla nicchia.

Saranno così felici che tutti i video che gli piacciono possano essere trovati su una singola pagina e quindi diventano fan del tuo sito web. Questo non significa che li bombarderai con la pubblicità.

Perché questo aumenterà la velocità di caricamento della pagina, la frequenza di rimbalzo, e, a volte, persino la penalità nella classifica di Google.

Post.

Ricorda che Google ama i siti web il cui contenuto viene aggiornato regolarmente, quindi ti consiglierò di aggiungere almeno 10 post ogni giorno, anche questo con un intervallo di 2 ore, questo significa che devi sederti una volta alla settimana e aggiungere 70 post programmandoli per ogni giorno. Se usi wordpress puoi programmare l'uscita dei post a tuo piacimento.

Un grande vantaggio di questo è che i tuoi visitatori abituali riceveranno nuovi contenuti ogni giorno aumentando le tue visualizzazioni.

Non creare una pagina DMCA.

Crea una pagina DMCA, (puoi copiare il contenuto di una pagina DMCA da qualsiasi sito Web popolare come Xvideos, Redtube ecc. E sostituire il nome nel tuo sito web.).

Nel paragrafo introduttivo e nell'ultimo paragrafo aggiungere l'ID e-mail associato al proprio account in modo che tutte le notifiche di rimozione del copyright vengano inviate al posto dell'hosting e da lì è possibile eliminare tali articoli.

Sinceramente se stai facendo un sito di nicchia, lascia che il sito cresca in modo naturale.

Come riceverò soldi?

Ho già risposto alle domande su come creare il tuo sito web per adulti, e ora permettimi di dirti quanto fanno i siti porno e come puoi ricevere i soldi che hai fatto attraverso il sito adult.

Sebbene ci siano molti modi per richiedere denaro (anche se differiscono da rete a rete). I più comuni sono Paypal e Paxum .

Eviterei i pagamenti con assegni perché possono essere persi in transito e ci vogliono circa 1-2 mesi per ricevere un assegno.

Inserzioni di annunci per adulti per massimizzare il reddito = più denaro.

Tu come un webmaster adult fai soldi quando il tuo visitatore fa clic sui tuoi annunci e anche dal numero di impressioni sui tuoi annunci.

Quindi, posizionando il banner pubblicitario, quelle posizioni in cui otterrai il numero massimo di clic è estremamente cruciale per guadagnare di più dal tuo sito web per adulti.

Quali sono le migliori posizioni per gli annunci?

1. Devi aggiungere gli annunci più importanti above the fold. Il numero di visitatori che scorrono verso il basso sarà una percentuale dei visitatori totali, pertanto ciò significa che il contenuto above the fold è visto dal 100% del pubblico.

2. Devi aggiungere un banner 300x250 nel primo widget della barra laterale destra. Questo widget è molto importante e visto da ogni visitatore. Inoltre, se hai visto qualche sito web per adulti, il banner nella parte destra dei video sono questi banner.

3. Devi aggiungere un'immagine mobile da Juicyads. Di gran lunga questo è il banner pubblicitario più importante. Questo banner ha il più alto tasso di clic e risulterà nella maggior parte del tuo reddito giornaliero.

4. Un banner 720x90 appena sotto l'area del tuo logo è un'altra posizione per guadagnare di più.

Annunci per adulti che non sono così redditizi.

Tutti gli annunci nell'area footer non sono il massimo.

A nessuno dei visitatori piace scorrere verso il basso e fare clic su tali annunci.

Altri suggerimenti:

1. Non bombardare il visitatore con pubblicità, altrimenti non diventerà mai visitatore abituale.

2. Inserisci annunci pertinenti, scegliendo la categoria corretta durante la creazione di adzone.

Riduci la frequenza di rimbalzo.

La frequenza di rimbalzo è una delle maggiori preoccupazioni per il proprietario di un sito web. Come proprietario di un sito web tutto ciò che desideri è un visitatore che entri in contatto felice e soddisfatto con il tuo sito web e diventi un visitatore per la vita (intendo il visitatore abituale).

Un altro motivo importante per regolare la frequenza di rimbalzo sul tuo sito web è migliorare le classifiche dei risultati di ricerca.

Più bassa è la frequenza di rimbalzo sul tuo sito web, questo dà a Google un'indicazione che le persone che vanno da Google al tuo sito web amano il contenuto e stanno trovando le informazioni giuste, e quindi Google ti premierà con posizioni più alte sulla tua parola chiave di destinazione.

Ciò accade perché alla fine il compito di Google è fornire le migliori informazioni all'utente.

Sui siti web per adulti, ricevi migliaia di visitatori al giorno e possiamo ottenere una frequenza di rimbalzo più bassa, il che significa che le persone apprezzano il contenuto del sito web e quindi rimarranno più a lungo sul sito web.

Ok un altro paragrafo di conoscenza prima di andare alla soluzione. Prima devi capire la psicologia umana. Prendi il tuo esempio, quando stai cercando una query su google, apri diverse pagine finché non trovi quella con la soluzione esatta che ti ha aiutato e risolto il tuo problema.

Per quanto riguarda le altre pagine in cui non hai trovato la soluzione al tuo problema, hai fatto immediatamente clic sul pulsante di chiusura. Non ti importava cos'altro offriva quel sito, hai premuto il pulsante di chiusura.

Ma sul sito web hai trovato la soluzione, ti sentivi felice e rimani per un periodo di tempo più lungo. Potresti aver persino sfogliato qualche altra pagina.

Se dovessi riassumere il paragrafo precedente, è questo: aggiungere valore al tuo visitatore, risolvere il suo problema, offrirgli esattamente ciò che sta cercando, e questo da solo può aiutare il tuo sito Web a crescere in modo esponenziale organicamente e ridurre significativamente la frequenza di rimbalzo.

Ok, iniziamo con tutti i suggerimenti, trucchi e metodi che puoi applicare per ridurre significativamente la frequenza di rimbalzo del tuo sito web.

- **Accelerare il tuo sito web**

Che si tratti di migliorare le classifiche di Google, migliorare la soddisfazione e l'esperienza dei visitatori o ridurre la frequenza di rimbalzo, questo passaggio è uno dei passaggi più importanti da mettere a fuoco sul tuo sito web.

Se il tuo sito web sta caricando a una velocità ultrarapida, offrirà un'esperienza utente straordinaria e quindi ridurrà la frequenza di rimbalzo.

- **Il contenuto è KING.**

Se vuoi avere successo nel fare soldi online, allora devi capire una cosa con attenzione, Content is king, ciò significa che la qualità degli articoli o (video) che aggiungi deve essere almeno tre volte migliore del tuo concorrente. Il tuo sito web dovrebbe aggiungere così tanto valore alla vita del tuo visitatore che diventa subito un fan del tuo sito web.

 Aggiungendo valore, intendo che dovrebbe ricevere un trattamento da VIP, ricevere tutte le risposte alle sue domande e offrire molto più di quello che si aspettava.

Quando le persone ottengono esattamente quello che vogliono, non lasceranno il tuo sito web così spesso e questo farà tremendamente perdere la frequenza di rimbalzo.

- **Aggiungi articoli correlati.**

Diciamo che un visitatore arriva al tuo sito web, ne esamina i contenuti e lascia anche supporre che non sia stato in grado di trovare la risposta a ciò che stava cercando. Ma nella pagina degli articoli correlati ha visto alcuni link che potrebbero interessarlo e finisce per cliccarci sopra.

Questo diminuirà direttamente la frequenza di rimbalzo che aumenterà le visualizzazioni complessive della pagina e il tempo sul sito per la visita.

Ci sono molti widget di WordPress che possono essere usati per aggiungere articoli correlati alla fine dell'articolo e nella barra laterale destra.

Sito web ottimizzato per dispositivi mobili.

Oltre il 50% del tuo traffico potrebbe già arrivare attraverso i dispositivi mobili, quindi dare una straordinaria scadenza mobile al tuo visitatore dovrebbe essere una priorità.

Design del sito web, aspetto e presentazione delle informazioni.

Il tema che usi per il tuo sito web, i colori e tutto dovrebbe essere rilassante. Dovrebbero far emergere la felicità e non il disagio.

Le persone dovrebbero innamorarsi del design del tuo sito web.
Cura la punteggiatura, i caratteri e il grassetto.

Apri i link esterni in nuove finestre.

Come ho già detto sopra, aggiungendo link esterni rilevanti
all'interno dei tuoi contenuti, aiuti molto a ridurre la frequenza di
rimbalzo. Aggiungi un **target =** tag **"_ blank"** nei link <a> tag
aprirà il link cliccato in una nuova scheda anziché nella stessa
scheda.

Come incorporare dei giochi per adulti.

In questo momento, devi aver compreso l'importanza di
aggiungere valore all'esperienza utente sul tuo sito web.

Ricorda sempre che c'è un sacco di contenuti gratuiti su Internet
e l'unico modo per distinguerti dagli altri è aggiungere molto
valore all'esperienza utente.

Ciò significa aggiungere video che le persone desiderano, rispondere ai commenti, ringraziandoli per aver visitato il loro sito Web e molti altri.

Incorporare i giochi è facile e qui ci sono i passi da seguire sul tuo sito Web Wordpess:

1. Trova i giochi pertinenti nella tua nicchia eseguendo una ricerca su Google come "giochi flash" .
2. Dopo aver trovato una pagina web che ritieni abbia un gioco rilevante, copia l'URL di quella pagina.
3. Vai a www . file2hd . com
4. Incolla il link della pagina web e premi "Ottieni file".
5. Premi Cntrl + F sulla tastiera e cerca ".swf"
6. Trova l'url che contiene questo termine di ricerca e copialo.
7. Ora apri un nuovo post sul tuo sito web in cui desideri incorporare il gioco Flash / HTML5.
8. Aggiungi questo codice:
○ <object width = "510" height = "400"> <param name = "movie" value = " **game link** "> <embed src = " **game link** " width = "510" height = "400"> </ embed> </ object>
9. "link di gioco" qui è l'url che hai appena copiato contenente il termine .swf
10.   Congratulazioni, ora il gioco può essere giocato anche sul tuo sito web.

CONCLUSIONI.

Oggi vi è molta concorrenza nel mercato del porno online, ma il web è talmente in evoluzione che con il giusto sito nel momento adatto, è possibile avere delle piccole soddisfazioni. Riassumiamo i punti salienti:

1. **Pensare a una nicchia.** Un sito generico ha una concorrenza mostruosa, sia su Google che in altri ambiti. Meglio pensare in piccolo e dettagliato.
2. **Decidere che cosa fare.** Un sito porno può contenere diverse tipologie: video sharing (stile YouTube), webcam private, oppure vendita di giochi erotici. Valutare le proprie possibilità e competenze.
3. **Valutare il mercato.** Informarsi sui siti big del settore, quale nicchia ha un rapporto traffico/rendita migliore e valutare l'entrata.
4. **Hosting.** Una volta trovata la nicchia, acquistare l'hosting e il dominio. Quest'ultimo meglio se inerente al tema trattato.

5. **Legacy.** Informarsi bene sulle questioni legali di un sito porno nel paese di residenza. Hostare il sito solo in paesi in cui è consentito.

6. **Contenuti.** Creare contenuti di qualità, inizialmente senza pubblicità e 100% inerenti al tema trattato.

7. Curare molto l'aspetto **SEO** per i motori di ricerca. Valutare se il **traffico** aumenta sensibilmente.

8. **Promuovere il sito**. Se il sito non decolla ma siete quasi certi della bontà di esso, provate a promuoverlo su siti del settore, come PornHub, Xtube, eccetera. Magari anche in qualche gruppo privato sui socials. Utilizzate foto accattivanti e frasi che invogliano l'utente.

9. **Inserire pubblicità**. Se dopo alcuni mesi, il traffico web raggiunge buone cifre, cominciare a inserire banners contestuali di affiliazione.

10. Individuare altre possibili fonti di retto, sempre coerenti con la nicchia trattata e mai invasive.

11. Concorrenza. Valutare possibili "alleanze" con altri siti, scambio link eccetera.

12. Quando il sito raggiunge un buon traffico, è possibile **ripetere** la procedura con altri siti/nicchie.

Per creare un sito del genere occorrono pazienza, test, e soprattutto impegno. Occorre lavorare duro per alcuni mesi, e il successo non è mai garantito. Ma se si studia il mercato e si sperimenta, è possibile crearsi una rendita nel campo dell'adult. Più nicchie significa maggiori entrate.

www.ingramcontent.com/pod-product-compliance
Lightning Source LLC
Chambersburg PA
CBHW051334220526
45468CB00004B/1633